BÉLA BARTÓK • RUMÄNISCHE VOLKSTÄNZE

Béla Bartók: Rumänische Volkstänze

UE 18661 Spielpartitur
ISMN 979-0-008-00345-5
UPC 8-03452-04643-1
ISBN 978-3-7024-1935-6

UE

Béla Bartók

Rumänische Volkstänze

für Flöte und Gitarre
bearbeitet von Arthur Levering

Vorwort

Béla Bartók widmete sich der Erforschung von Volksmusik vieler Kulturen, eine Arbeit, von der seine Kompositionen wesentlich beeinflusst wurden. Die *Rumänischen Volkstänze* wurden ursprünglich für Klavier geschrieben, sind aber auch in anderen Versionen erschienen. Die vorliegende Bearbeitung für Flöte und Gitarre beruht sowohl auf der Klavierpartitur als auch auf der Instrumentation durch den Komponisten selbst sowie auf Zoltán Székelys Bearbeitung für Violine und Klavier. Diese sechs kurzen Sätze enthalten die Volksmelodien in Bartóks eigener Harmonisierung und umspannen eine breite Stimmungsskala, die sich vom zarten *Pe loc* mit enger Melodieführung und übermäßigen Sekunden bis hin zum leidenschaftlichen *Mărunțel* mit lydischem Einschlag und drängender, synkopierter Begleitung erstreckt.

A. L., Cambridge, Massachusetts

Preface

For most of his adult life Béla Bartók was engaged in extensive research into the indigenous music of many cultures, and this activity had a strong influence on his compositions. The *Roumanian Folk Dances* originally were written for piano but have appeared in many other guises as well. This transcription for flute and guitar is based not only on the piano score but also on the composer's orchestration and Zoltán Székely's transcription for violin and piano. In these six brief movements, the folk melodies are presented with Bartók's own harmonizations in a wide variety of moods – from the ethereal *Pe loc*, with its melody of narrow compass and its augmented seconds, to the frenetic *Mărunțel*, with its Lydian flavor and driving, syncopated accompaniment.

Arthur Levering, Cambridge, Massachusetts

Préface

Béla Bartók a entrepris des recherches sur la musique folklorique de bien des civilisations, activité qui a essentiellement influencé son œuvre compositionelle. Les *Danses populaires roumaines* ont originalement été écrites pour piano, mais il en existe aussi d'autres versions. La présente adaption pour flûte et guitare est basée tant sur la partition pour piano que sur l'instrumentation per le compositeur lui-même, ainsi que sur l'adaptation par Zoltán Székely pour violon et piano. Les six brefs mouvements comportent les mélodies folkloriques telles qu'harmonisées par Bartók, la gamme des émotions allant du tendre *Pe loc*, à conduite mélodique étroite et aux secondes augmentées, à l'ardent *Mărunțel*, comportant des éléments lydiens et un accompagnement syncopé.

A. L., Cambridge, Massachusetts

Metronom-Angaben:

Bartók (Klavier-Ausgabe, UE 5802)	**Bartók** (Orchester-Fassung, UE 6545)
1. ♩ = 100	1. ♩ = 80
2. ♩ = 144	2. ♩ = 144
3. ♩ = 108	3. ♩ = 112
4. ♩ = 100	4. ♩ = 100
5. ♩ = 146	5. ♩ = 152
6. ♩ = 146 und ♩ = 152	6. ♩ = 152 und ♩ = 160

Rumänische Volkstänze

für Flöte und Gitarre
bearbeitet von Arthur Levering

Béla Bartók
(1881 – 1945)

1. Joc cu bâtă

Universal Edition UE 18 661

26
p
p
31
cresc. molto
sf
sf
mf
cresc. molto
sf
sf
mf
36
41
p
p
46
cresc. molto
poco allarg.
sf
sf
cresc. molto
sf
sf

2. Brâul

UE

Béla Bartók

Rumänische Volkstänze

für Flöte und Gitarre
bearbeitet von Arthur Levering

Rumänische Volkstänze

für Flöte und Gitarre
bearbeitet von Arthur Levering

Béla Bartók
(1881 – 1945)

1. Joc cu bâtă

26
31
cresc. molto
cresc. molto
36
41
46
cresc. molto
poco allarg.
cresc. molto

2. Brâul

3. Pe loc

*) Der Flötenpart soll nur dann eine Oktave höher gespielt werden, wenn der Flötist fähig ist, in diesem Register ruhig zu spielen. Als Alternative kann auch eine kleine Flöte verwendet werden. / *The entire flute part should be played one octave higher than written only if the flautist is able to play quietly in this register. Alternatively, piccolo may be used.* / La partie de flûte ne sera jouée à l'octave supérieure que si l'interprète est en mesure de jouer tranquillement à ce registre. Alternativement on utilisera une petite flûte.

4. Buciumeana

pp
pp
f espr.
f espr.
mf più espr.
mf più espr.
poco slargando
p
pp
p
pp

5. Poargă românească

*) Ossia: Die ersten beiden Vorschlagnoten in diesem, bzw. den folgenden Takten, können entfallen. / *Ossia: The first two grace notes of this measure (and following) may be omitted.* / Ossia: Les premières deux notes de l'appogiature de cette mesure et des mesures suivantes pourront être supprimées.

14
sf
sf
17
sf
3
II
sf
20
sf
3
sf
23
sf
sf
26
sf
sf
attacca

6. Mărunțel

più f
più f
(Velare ⑤)
ossia :

Metronom-Angaben:

Bartók (Klavier-Ausgabe, UE 5802)	**Bartók** (Orchester-Fassung, UE 6545)
1. ♩ = 100	1. ♩ = 80
2. ♩ = 144	2. ♩ = 144
3. ♩ = 108	3. ♩ = 112
4. ♩ = 100	4. ♩ = 100
5. ♩ = 146	5. ♩ = 152
6. ♩ = 146 und	6. ♩ = 152 und
♩ = 152	♩ = 160

3. Pe loc

*) Der Flötenpart soll nur dann eine Oktave höher gespielt werden, wenn der Flötist fähig ist, in diesem Register ruhig zu spielen. Als Alternative kann auch eine kleine Flöte verwendet werden. / *The entire flute part should be played one octave higher than written only if the flautist is able to play quietly in this register. Alternatively, piccolo may be used.* / La partie de flûte ne sera jouée à l'octave supérieure que si l'interprète est en mesure de jouer tranquillement à ce registre. Alternativement on utilisera une petite flûte.

4. Buciumeana

16
pp
pp
19
f espr.
f espr.
23
27
mf più espr.
mf più espr.
poco slargando
31
p
I
IV
pp
p
pp

5. Poargă românească

*) Ossia: Die ersten beiden Vorschlagnoten in diesem, bzw. den folgenden Takten, können entfallen. / *Ossia: The first two grace notes of this measure (and following) may be omitted.* / Ossia: Les premières deux notes de l'appogiature de cette mesure et des mesures suivantes pourront être supprimées.

attacca

6. Mărunțel

più f
più f
(Velare ⑤)
ossia :

Universal Querflöten Edition

UE-Nr.		**Flöte solo**
18023	**J.S. Bach**	Partita a-Moll BWV1013, Sonate C-Dur BWV1033, für Flöte solo (Braun) [3/4]
18027	**C.Ph.E. Bach**	Sonate a-Moll Wq.132 für Flöte solo (Nastasi) [3/4]
17289	**G. Braun**	Magnificat für Flöte (od. Altflöte in G) [3]
17259	**C. Halffter**	„Debla“ für Flöte solo [5]
17285	**W. Heider**	Drei Flöten-Ornamente [5]
17298	**A. Hugot**	25 Grandes Etudes op. 13 für Flöte (Vester), Bd. I (Etüden 1–12) [4]
18022		– Bd. II (Etüden 13–25) [4]
15970	**E. Karkoschka**	„Im Dreieck“ f. 3 Flöten oder einen Flötisten u. Stereo-Tonträger [4/5]
16943	**K. Lechner**	Septuplum für Flöte solo (Altflöte in G) [3/4]
13424	**J.W. Morthenson**	„Down“ für Soloflöte [5]
18035	**H. Zender**	Angezogen vom Ton der Flöte. Drei Stücke für Flöte nach japanischen Zen-Sprüchen [5]
		2 Flöten
18030	**J.S. Bach**	15 zweistimmige Inventionen, für 2 Flöten (Kolman) [3]
17288	**B. Bartók**	18 Flötenduos (Csupor) [1/2]
19491	**A.B.T. Berbiguier**	21 leichte Duette (Gerlof) [1/3]
[illegible]	[illegible]	[illegible]
18664	**M. Blavet**	Duette nach Werken von G.F. Händel (Betz) [2/3]
18675		Duette nach Werken von J.-Ph. Rameau (Betz) [1/2]
19492		Leichte Duette (Betz) [1/2]
19500	**A. Corelli**	Fünf Duette nach op. 5 Nr. 7–11 f. 2 Flöten nach einer Ausgabe v. 1740 (Braun) [2]
19485	**E.-F. Gebauer**	Drei Duos op. 24 (Gerlof) [2]
18036	**J. Haydn**	„Die Jahreszeiten“ f. 2 Flöten (nach einer zeitgenöss. Bearbeitung) [3]
18037–18038		6 Duette (Faksimileausgabe), 2 Bände [3/4]
17282	„	Die Schöpfung“ für 2 Flöten oder Violinen nach einer Ausgabe von 1806 (Füssl) [3]
18029	**H. Jelinek**	Vier Kanons für 2 Flöten aus dem Zwölftonwerk op. 15/6 (Braun) [4]
16737	**W.A. Mozart**	„Die Entführung aus dem Serail“ f. 2 Flöten nach einer Ausg. von 1799 (Braun) [3]
16773		„Die Hochzeit des Figaro“ für 2 Flöten nach einer Ausgabe von 1799 (Braun) [3]
15966		„Die Zauberflöte“ für 2 Flöten nach einer Ausgabe von 1792 (Braun) [3]
17284		„Don Giovanni“ für 2 Flöten nach einer Ausgabe um 1809 (Braun) [3]
17297		Variationen über „Ah! vous dirai-je, Maman“ KV 300e (265) für 2 Flöten (Kolman) [2/3]
16742	**G. Rossini**	„Der Barbier von Sevilla“ für 2 Flöten nach einer Ausgabe von 1820 (Füssl) [3]
16734	**J.L. Tulou**	Drei Duos op.14 für 2 Flöten (Braun) [2]
19488	**J.B. Vanhal**	„Die Bedrohung und Befreiung der k.k. Haupt- und Residenzstadt Wien“, Ausgabe für 2 Flöten (Hünteler) [2]
16997		Sechs Duette (Bryan), Bd. I (Nr. 1–3) [1/2]
16998		– Bd. II (Nr. 4–6) [1/2]
18672	**C.M. von Weber**	„Der Freischütz“, Ausgabe für 2 Flöten von Diabelli 1822 (Hünteler) [3/4]
18040	**Wranitzky, P.**	6 Duos op. 11 (Faksimile-Ausgabe) [2/3]
		3 und mehr Flöten
16995	**L. Gianella**	Quartett in G-Dur op. 52 für 4 Flöten (Imbescheid) [2/3]
16999		Zwei Trios op. 27 für 3 Flöten (Imbescheid) [3]
15970	**E. Karkoschka**	„Im Dreieck“ f. 3 Flöten oder einen Flötisten u. Stereo-Tonträger [4/5]
17293	**R. Kelterborn**	Terzett für Querflöten [3/4]
		Flöte und Klavier (Cembalo)
18025	**J.S. Bach**	Partita c-Moll BWV997, für Flöte und Cembalo (Petrenz) [3/4]
17294		Zwei Sonaten BWV1034, 1035 für Flöte und B.c. (Braun/Petrenz) [3/4]
17295		Zwei Sonaten BWV1030, 1032 f. Flöte u. Cembalo(Braun/Petrenz)[3/4]
18662	**J.S. Bach/C.Ph.E. Bach**	Sonate Es-Dur BWV1031, Sonate g-Moll BWV1020 für Flöte und obligates Cembalo (Braun/Petrenz) [3]
18666	**Bartók/Arma**	Suite paysanne Hongroise für Flöte und Klavier [3/4]
18031	**N. Beecroft**	Tre pezzi brevi für Flöte und Klavier (Harfe/Gitarre) [4/5]
18028	**L. v. Beethoven**	Drei Sonaten op.12 f. Flöte u. Klavier ges. v. Drouet (Braun)[3/4]
15967		Sonate F-Dur op.17 für Flöte und Klavier (Braun) [2/3]
31851–31853		Drei Sonaten op.30, Band 1–3, für Flöte und Klavier einger. v. Drouet (Braun) [4]
17290		Serenade op.8, arr. von Th. Böhm f. Flöte u. Klavier (Imbescheid) [3/4]
17287	**M. Blavet**	Sonate e-Moll op. 3/III für Flöte und B.c. (Klavier) (Bauer/Bach) [3]
15971	**Th. Böhm**	Fantasie op. 21 über ein Thema von Schubert für Flöte und Klavier (Braun) [4/5]
17292	**H. Bornefeld**	„Im Dutzend billiger“, 12 harmlose Stücke f. Flöte u. Klavier(Braun)[1/2]
18668	**L. de Caix d'Hervelois**	Suite A-Dur op. 6 Nr. 1 f. Flöte u. B.c. (Waechter/Petrenz) [3]
19498	**N. Chédeville**	Zwei Suiten für Flöte und B.c. (König/Petrenz) [2/3]
19496	**A. Corelli**	La Follia (op. 5/XII) für Flöte und B.c. (Heidecker/Petrenz) [3]
30273–30275		Sechs Sonaten op. 5 für Flöte und B.c. nach einer Ausgabe von 1740, Bd. I–III (Braun/Petrenz) [3]
16954	**C. Debussy**	„Bilitis“, für Flöte und Klavier (Lenski) [3]
17299		Prélude à l'après-midi d'un faune, für Flöte und Klavier (Lenski) [3/4]